BEI GRIN MACHT SICH IHR WISSEN BEZAHLT

- Wir veröffentlichen Ihre Hausarbeit, Bachelor- und Masterarbeit

- Ihr eigenes eBook und Buch - weltweit in allen wichtigen Shops

- Verdienen Sie an jedem Verkauf

Jetzt bei www.GRIN.com hochladen
und kostenlos publizieren

GRIN ☺

Bibliografische Information der Deutschen Nationalbibliothek:

Die Deutsche Bibliothek verzeichnet diese Publikation in der Deutschen National-bibliografie; detaillierte bibliografische Daten sind im Internet über http://dnb.d-nb.de/ abrufbar.

Dieses Werk sowie alle darin enthaltenen einzelnen Beiträge und Abbildungen sind urheberrechtlich geschützt. Jede Verwertung, die nicht ausdrücklich vom Urheberrechtsschutz zugelassen ist, bedarf der vorherigen Zustimmung des Verla-ges. Das gilt insbesondere für Vervielfältigungen, Bearbeitungen, Übersetzungen, Mikroverfilmungen, Auswertungen durch Datenbanken und für die Einspeicherung und Verarbeitung in elektronische Systeme. Alle Rechte, auch die des auszugsweisen Nachdrucks, der fotomechanischen Wiedergabe (einschließlich Mikrokopie) sowie der Auswertung durch Datenbanken oder ähnliche Einrichtungen, vorbehalten.

Impressum:

Copyright © 2018 GRIN Verlag
Druck und Bindung: Books on Demand GmbH, Norderstedt Germany
ISBN: 9783346038333

Dieses Buch bei GRIN:

https://www.grin.com/document/499992

Katrin Krämer

Resilienz von Kindern. Wie kann sie im Kindergarten gestärkt werden?

GRIN Verlag

AWO Fachschule, Röhrenstraße 6, 14480 Potsdam

4. Facharbeit

„Stärkung der Resilienz im Kindergarten"

„Bewahre mich vor dem naiven Glauben, es müsste im Leben alles gelingen. Schenke mir die nüchterne Erkenntnis, dass Schwierigkeiten, Niederlagen, Misserfolge, Rückschläge eine selbstverständliche Zugabe zum Leben sind, durch die wir wachsen und reifen."

Antoine de Saint Exupéry

Krämer Katrin

TBQ4

I

Inhaltsverzeichnis

1. Einleitung

Risiken im Leben sind unvermeidlich, denn alle Entscheidungen, die getroffen werden, sind immer mit Risiken verbunden. Zum Beispiel kann ich das Haus ohne Regenschirm verlassen und das Risiko eingehen, nass zu werden. Oder ich kann den Schirm mitnehmen und das Risiko in Kauf nehmen, den Regenschirm irgendwo liegen zu lassen. Jede Entscheidung also ist immer mit Risiken verbunden. (vgl. Was Kinder stärkt, 2008)

Die vorliegende wissenschaftliche Arbeit behandelt das Thema „Stärkung der Resilienz im Kindergarten". Um die Arbeit flüssiger lesen zu können, verwende ich die maskuline Form des Erziehers. Selbstverständlich sind Frauen ebenso gemeint. Zum ersten Mal hörte ich den Begriff im Unterricht, als wir das Thema Kinderschutz behandelten. Dies weckte in mir das Interesse, mich näher mit diesem Thema auseinanderzusetzen. Von dem Wort „Förderung" möchte ich absichtlich Abstand nehmen, deshalb werde ich von „Stärkung" schreiben, da ich finde, dass das Wort sehr Defizitbelastet ist und ich als pädagogische Fachkraft eher etwas stärken und unterstützen kann. In meiner Arbeit beschränke ich mich auf den aktuellen Elementaren Bereich den Kindergarten, auf Kinder von 3-6 Jahren. In der praktischen Arbeit ist mir aufgefallen, dass oft der Fokus auf den Defiziten der Kinder liegt, hier möchte ich einen Perspektivenwechsel vornehmen und den Blickwinkel auf die positiven Eigenschaften lenken. Im ersten Teil meiner Arbeit werde ich einen theoretischen Überblick über das Konzept der Resilienz geben, indem ich erläutere, was sich genau darunter verbirgt. Zunächst werde ich mich mit dem Begriff Resilienz auseinandersetzen und diesen näher erläutern. Daran anschließend befasse ich mich mit den Risiko- und Schutzfaktoren der Resilienz. Anschließend fasse ich das Rahmenmodell von Resilienz und das Zusammenwirken von Schutz- und Risikofaktoren kurz zusammen. Danach habe ich mich mit relevanten Studien beschäftigt, hier fasse ich aus meiner Sicht die wichtigste und älteste Studie, die Kauai- Längsschnittstudie und gehe dann auf die relevanten Ergebnisse für die Anwendung in der pädagogischen Praxis ein. Daran Anschließend werde ich die bekannte Schriftstellerin Astrid Lindgren und ihre Bücher erwähnen. Folgend werde ich mich mit dem praktischen Teil befassen, wie ich in der Tageseinrichtung die Kinder stärken kann. Dazu stelle ich detailliert meine Ausgewählte Methode dar. Danach werde ich drei Spiele zur Stärkung der Resilienz vorstellen, die ich in der Praxis schon umgesetzt habe. Folgend werde ich kurz die wichtigsten Schwerpunkte zur Stärkung der Erziehungskompetenz der Eltern in der Betreuungseinrichtung darlegen. Anschließend beziehe ich mich auf das aktuelle Projekt in der Einrichtung den „Spielzeugfreien Tag" und deren Ziele. Meine Fragen, die ich in dieser Arbeit nachgehen möchte wären, welche Faktoren tragen dazu bei, dass sich Kinder trotz ungünstiger Lebensumstände stark und Widerstandsfähig entwickeln, welche Eigenschaften und Fertigkeiten sind es, die diese Kinder haben, um sich positiv und gesund zu entwickeln?" Die zentrale Frage ist aber vor allem: „Wie kann ich diese Ressourcen in der Praxis stärken und unterstützen? Im Anschluss formuliere ich mein persönliches Resümee.

.

2. Definition

Im Folgenden möchte ich den Begriff der Resilienz definieren und dessen Merkmale hier näher erörtern. Mir ist aufgefallen, dass es viele unterschiedliche Erläuterungen von diesem Begriff gibt. Hier zunächst die Definition nach Wustmann:

„Resilienz meint eine psychische Widerstandsfähigkeit von Kindern gegenüber biologischen, psychologischen und psychosozialen Entwicklungsrisiken."
(Resilienz:2004, S. 18)

Der Begriff kommt von dem englischen Wort „resilience" (Spannkraft, Elastizität, Widerstandsfähigkeit) und meint die Fähigkeit einer Person, selbst nach schwierigen Lebenskrisen die Balance wieder zu finden. Resilienz steht somit für das Immunsystem der Psyche. (vgl. Resilienz: 2004, S. 18)

Resilienz wird an zwei wesentlichen Bedingungen geknüpft:
1. *es besteht eine Bedrohung für die kindliche Entwicklung und*
2. *das Kind bewältigt erfolgreich die belastenden Lebensumstände*
(vgl. Resilienz:2004, S. 18)

Als resilient können somit nur die Kinder angesehen werden, die sich trotz massiver Beeinträchtigung erstaunlich positiv entwickeln, im Vergleich zu denjenigen Kindern, die unter gleichen Bedingungen- d.h. gleich hoher Risikobelastung- psychische Beeinträchtigungen aufweisen. (Resilienz: 2004, S.18)
Resilienz ist keine angeborene Persönlichkeitseigenschaft, sondern ein dynamischer Prozess, der im Verlauf der Entwicklung im Zusammenhang der Kind-Umwelt-Beziehung erworben wird. (vgl. Resilienz: 2004, S. 28)
Kinder, die Belastungen überwinden, gehen aus dieser Erfahrung gestärkt hervor und schaffen damit gute Voraussetzungen, neue Krisen und Entwicklungsschritte wieder erfolgreich zu bewältigen. Grundlage dafür ist die aktive Rolle des Kindes d.h. wie das Individuum mit Stress- und Risikosituationen umgeht und diese bewältigt. Stress wird hier als

subjektive Situation betrachtet, also wie das Kind selbst die Schwierigkeiten wahrnimmt und sich damit auseinandersetzt. (vgl. Resilienz: 2004, S. 29)

Resilienz ist keine lebenslange Fähigkeit und kann über die Zeit und Situation variieren, sie ist somit flexibel. Denn Übergänge sind mit vielen neuen Entwicklungsaufgaben und erhöhten Anforderungen verbunden. So können Kinder zu einem bestimmten Zeitpunkt resilient sein, bei späteren negativen Ereignissen zum Bespiel scheitern.

(vgl. Resilienz: 2004, S. 31)

Mit dem erfolgreichen Überwinden von altersspezifischen Entwicklungsaufgaben erwirbt das Kind dem Alter entsprechende Fähigkeiten und Kompetenzen, als Basis für spätere Aufgaben, die Persönlichkeit wird dadurch gestärkt. Das Kind lernt mit Veränderungen positiv umzugehen und sich anzupassen. Gelingt es dem Kind nicht, eine Entwicklungsaufgabe zu bewältigen, so ist mit einer Stagnation und Entwicklungsdefiziten bzw. Fehlanpassung zu rechnen. (vgl. Resilienz: 2004, S. 20).

Resilienz kann nicht automatisch auf alle Lebens- und Kompetenzbereiche übertragen werden. So können Kinder Beispielsweise, die ständig familiären Konflikten ausgesetzt sind, in den schulischen Kompetenzen resilient sein, im sozialen Bereich aber Schwierigkeiten haben. Deshalb wird heute von einer situations- und lebensbereichspezifischen Resilienz gesprochen. Resilienz ist also ein hochkomplexes Zusammenspiel aus Merkmalen des Kindes und seiner Lebensumwelt.

(vgl. Resilienz: 2004, S.32)

Das Gegenteil von Resilienz ist Vulnerarbilität. Dies bedeutet die Verletzbarkeit einer Person gegenüber äußeren ungünstigen Einflüssen.

3. Risikofaktorenkonzept

Zu Beginn werde ich denn Begriff Risikofaktor definieren.

Risikofaktor bezeichnet ein Merkmal, das bei einer Gruppe von Einzelpersonen, die Wahrscheinlichkeit des Auftretens einer Störung im Vergleich zu einer weniger belasteten Kontrollgruppe erhöht. Das daraus entstandene Konzept versteht sich als Wahrscheinlichkeitskonzept, ist also nicht ursächlich. Verknüpft sind diese Risikobedingungen nicht immer unmittelbar mit psychischen Störungen oder Entwicklungsrisiken. In vielen Fällen wird eine erhöhte Verletzlichkeit des Kindes vorausgegangen.

(vgl. Resilienz: 2004, S. 36)

3.1 Vulnerabilitätsfaktoren

Die Risikoforschung unterscheidet zwei große Gruppen von Entwicklungsgefährdungen, die eine bezieht sich auf die biologischen oder psychologischen Merkmale des Kindes – diese werden als Vulnerabilitätsfaktoren bezeichnet und die andere Gruppe bezieht sich auf die psychosozialen Merkmale der Umwelt, diese werden Risikofaktoren bzw. Stressoren genannt (Resilienz: 2004, S.36)

Unter Vulnerabilitätsfaktoren werden Schwächen oder Defizite des Kindes verstanden. Hier werden primäre und sekundäre Faktoren unterscheiden. Unter primären Vulnerabilitätsfaktoren werden Beispielsweise genetische Disposition, Geburtskomplikationen oder Frühgeburt verstanden, also was das Kind von Geburt an aufzeigt. Unter sekundären Vulnerabilitätsfaktoren sind erworbene Faktoren gemeint, die das Kind in der Interaktion mit der Umwelt erlebt wie Beispielsweise ein negatives Bindungsverhalten. Risikofaktoren sind dagegen in der Familie oder im erweiterten sozialen Umfeld zu finden. (vgl. Resilienz: 2004, S. 37)

3.2 Risikofaktoren

Manche Risikobedingungen wirken sich nur zu bestimmten Zeitpunkten aus- diese werden diskrete Faktoren (negative Ereignisse) genannt, die anderen dagegen wirken auf den ganzen Entwicklungsverlauf, diese werden als kontinuierliche Faktoren genannt wie Beispielsweise sozioökonomischer Status der Familie. Des Weiteren werden noch proximale und distale Faktoren differenziert. Proximale Faktoren wirken sich direkt auf das Kind aus, Beispielsweise Streit der Eltern oder ungünstige Erziehungsmethoden. Dagegen wirken sich distale Faktoren indirekt aus, sind z.B. chronische Armut, Trennung der Eltern oder Erkrankung der Eltern (wirken über das Verhalten der Eltern).

Heutzutage wird davon ausgegangen, dass biologische Risiken, wie Frühgeburt oder niedriges Geburtsgewicht, mit stetigem Alter des Kindes an Bedeutung verlieren. Im Gegensatz zu psychosozialen Risiken, die dann an Einfluss gewinnen. Am kritischsten sind die Beeinträchtigungen während der Schwangerschaft, Geburt und Säuglingszeit, denn in dieser Zeit befindet sich das Kind in einer schnell fortschreitenden Entwicklung und verfügt noch über wenige Bewältigungsstrategien. Die psychosozialen Faktoren überwiegen in der Kindheit, dies sind Beispielsweise Konflikte der Eltern oder Familiäre Gewalt, diese werden dann später von Risiken aus dem schulischen Bereich oder jugendlichen Gruppenkulturen abgelöst (vgl. Resilienz: 2004, S. 37)

3.3 traumatische Erlebnisse

Ein traumatisches Erlebnis stellt eine besonders schwere Art von Risikobeeinflussung dar. Es findet eine existentielle Erfahrung, in der die Endlichkeit des Lebens erfahren wird. Somit reißen diese die vorhersehbaren Erfahrungsspielräume auf und man wird mit einer vorher unbekannten Ohnmacht konfrontiert. Diese Erlebnisse setzen zunächst die eigenen Bewältigungsmechanismen außer Kraft. Die traumatischen Ereignisse unterscheiden sich auch darin ob sie alleine oder in einer Gruppe erlebt worden sind. (vgl. Resilienz: 2004, S. 39)

In der Forschung wurde festgestellt, dass Risikobedingungen selten einzeln auftreten. Dies wird als „Risikokonstellationen" bezeichnet. So sind Kinder z.B. die in chronischer Armut aufwachsen, mit größerer Wahrscheinlichkeit Eltern ausgesetzt, die arbeitslos oder psychisch krank sind, alkoholabhängig sind und so weiter. (vgl. Resilienz: 2004, S. 40)

Ein weiteres wichtiges Merkmal zur Begutachtung kindlicher Entwicklungsrisiken ist das Alter, wann ein Kind Risikobelastungen ausgesetzt ist und im welchen Entwicklungsstand es sich befindet. So sind Säuglinge zum Bespiel in den ersten Lebensmonaten vor Trennungserfahrungen (Trennung der Eltern) geschützt, da sie aufgrund ihrer noch nicht ausgereifter Gehirnentwicklung keine festen Bindungen entwickelt haben. Kinder ab vier Jahren sind durch ihre kognitiv- emotionalen Fähigkeiten geschützt, da sie gelernt haben Beziehungen über zeitliche und räumliche Entfernungen aufrecht zu erhalten und haben meist schon eine stabile Eltern-Kind-Bindung. In diesem Alter verstehen Kinder, warum sie von ihren Eltern getrennt sind und dass die Trennung nur vorübergehen ist und keinen Verlust bedeutet. Kinder mit ca. 2 Jahren sind im Gegenteil stark gefährdet, denn sie haben noch nicht die nötigen kognitiven Fähigkeiten, sie haben die Entwicklungsaufgabe der Bindung an Bezugpersonen noch nicht komplett bewältigt. (vgl. Resilienz: 2004, S. 42)

Auch das Geschlecht ist bei den risikoerhöhenden Faktoren von Bedeutung. In der Forschung wurde festgestellt, dass Jungen in den ersten zehn Jahren anfälliger bei Risikobelastungen sind als Mädchen. In der Adoleszenz dagegen Mädchen. (vgl. Resilienz: 2004, S. 43)

Ausschlaggebend ist nicht nur zu welchem Zeitpunkt, sondern vor allem in welcher Zeitspanne das Kind mit den Risikoeinflüssen konfrontiert ist. Langanhaltende und immer wieder Auftretende schädliche Einflüsse begünstigen Veränderungen des Wohlbefindens und führen zu „Risikopersönlichkeiten".

(vgl. Resilienz: 2004, S. 43)

Zusammenfassend lässt sich also sagen, dass ein Risikofaktor sehr unterschiedliche Tragweiten haben kann. Eine Risikosituation lässt sich letztendlich nur aus der individuellen Perspektive des betroffenen Kindes beurteilen.

(vgl. Resilienz: 2004, S. 44)

4. Schutzfaktorenkonzept

Folgend möchte ich das Schutzfaktorenkonzept erläutern.

Die schützenden Faktoren wurden als positiver Gegenbegriff zu dem der risikoerhöhenden Faktoren entwickelt. Je nachdem, welche Seite genau betrachtet wird, spricht man von einem risikomildernden oder von einem risikoerhöhenden Faktor. (vgl. Resilienz: 2004, S. 44)

Liegt ein Schutzfaktor vor, wird der Effekt des Risikos reduziert oder völlig beseitigt, fehlt dieser Faktor, wirkt sich der Risikoeffekt voll aus . Ein Schutzfaktor ist dann wirksam, wenn eine Gefährdung vorliegt, ist keine Risikobelastung gegeben, hat der Faktor keine schützende Bedeutung. Wirkst sich ein Faktor unabhängig davon positiv aus, so geht man von einer entwicklungsförderlichen Bedingung aus.

(vgl. Resilienz: 2004, S. 45)

4.1 Schutzfaktoren

Schutzfaktoren lassen sich in personale Ressourcen (Eigenschaften des Kindes) und soziale (umgebungsbezogene)Ressourcen unterteilen. Personale Ressourcen sind z.B.: Temperament, positives Sozialverhalten, optimistische Lebenseinstllung, Lernbegeisterung. Soziale Faktoren sind z.B.: Sichere Eltern- Kind-Bindung, wertschätzendes Klima in Betreuungseinrichtungen, Peegroup. (vgl. Erzieherinnen und Erzieher:2014, S.426)

Diese Faktoren lassen sich in drei Einflussbereiche zuordnen:

1.Dem Kind (Eigenschaften von Geburt an),2. der Familie (erworbene Eigenschaften in der Kind-Umwelt-Interaktion),3. dem außerfamiliären sozialen Umfeld (umgebungsbezogene Schutzfaktoren) . Diese drei Bereiche können nicht einzeln betrachtet werden, denn sie unterliegen gegenseitiger Wechselwirkung.

Mithilfe dieser drei Bereiche wird verdeutlicht, bei welchen Faktoren der Förderperspektive hinzu sortieren ist: folglich eher bei der Familie und umgebungsbezogenen Schutzfaktoren.

Je mehr Schutzfaktoren, desto höher kann die Chance für eine gute Anpassung trotz Entwicklungsbeeinträchtigungen sein (diese verstärken sich dann gegenseitig). Verbunden mit einem Positiven Selbstbild und einem gesunden Gefühl der Selbstwirksamkeit ist beispielsweise die Bindungsqualität zu wichtigen Bezugspersonen im Umfeld des Kindes wichtig.

Wie bereits bei den Risikofaktoren, lässt sich zusammenfassend feststellen, dass die Schutzfaktoren unterschiedliche Effekte haben können und vom betroffenen Kind subjektiv bewertet werden.

(vgl. Resilienz: 2004, S. 47)

4.2 Resilienzmodelle

Rahmenmodelle beschreiben das Zusammenwirken von Risiko und Schutzbedingungen. Aus den Modellinhalten lassen sich grundlegende Hinweise für Präventionsansätze herleiten.

Ich werde mich auf das Rahmenmodell von Resilienz nach Kumpfer explizit beziehen und die anderen Modelle hier nur kurz aufzählen. Folgende Modelle habe ich im Buch noch gefunden: Modell der Kompensation, das Haupteffekt-Modell, das Mediatoren-Modell, Modell der Herausforderung, Modell der Interaktion, Modell der Kumulation. (vgl. Resilienz: 2004, S. 56- 61)

4.3 Rahmenmodell von Resilienz nach Kumpfer (1999)

Ich habe mich für dieses Modell entscheiden, da es einen guten Orientierungsrahmen liefert und alle theoretischen Grundlagen der Forschung enthält.

Das Modell wird von vier Einflussbereichen und zwei Transaktionsprozessen bestimmt. Die vier Einflussbereiche sind:1. der akute Stressor- der eine Störung des Gleichgewichts auslöst und den Resilienzprozess aktiviert, 2. die Umweltbedingungen- die sich auf das Zusammenspiel von Schutzfaktoren und Resilienzfaktoren in der Lebensumwelt des Kindes beziehen,

3. die personalen Fähigkeiten bzw. Resilienzfaktoren des Kindes und 4. das Entwicklungsergebnis. In der Bewältigung des Stressors spielt der Transaktionsprozess zwischen 1. Umwelt und Person eine bedeutende Rolle- er wird beeinflusst durch die selektive Wahrnehmung, positive Bindung an Sozialnetzwerken, unterstützende Bezugspersonen, und 2. das Zusammenspiel von Person und Entwicklungsergebnis

(Resilienzprozess) wird als weiterer Transaktionsprozess in dem Rahmenmodell beschrieben und kann sowohl effektive als auch unpraktische Bewältigungsprozesse beinhalten. Grundlegend ist dabei die Art und Weise, wie das Kind mit Stress und Risikosituation umgeht. (vgl. Resilienz: 2004, S. 62-63)

5. Die Kauai- Längsschnittstudie von Werner und Smith

Die Längsschnittstudie von Emmy E. Werner und Ruth Smith ist die älteste und größte Untersuchung zu Resilienz. Das Hauptziel der Studie war es, die Langzeitfolgen vor- und nachgeburtlicher Risikobedingungen zu erfassen und die Auswirkungen ungünstiger Lebensbedingungen in der frühen Kindheit auf die psychische, kognitive und physische Entwicklung der Kinder festzustellen. Der Fokus lag dann direkt auf dem Vergleich von resilienten und nichtresilienten Kindern. Auf der Hawaiianischen Insel namens Kauai wurden 698 asiatische und polynesische Kinder aus schwierigen Verhältnissen, die 1955 auf der Insel geboren wurden, von ihrer Geburt an über 40 Jahre hinweg wissenschaftlich begleitet und getestet. Die Untersuchungen wurden zu unterschiedlichen Zeitpunkten angesetzt, im Säuglingsalter sowie am Alter von 1,2,10,18,32 und 40 Jahren. Von Kinderärzten, Psychologen, Sozialarbeitern, Krankenschwestern und Lehrern wurden unterschiedliche Tests erhoben und Beobachtungen durchgeführt. (vgl. Resilienz: 2004, S.88). Die Untersuchungsergebnisse zeigten, dass ein Drittel der Kinder trotz hoher Risikobelastungen zu autonomen und selbstbewussten Erwachsenen heranwuchsen. Aus den Ergebnissen schloss man, dass seelische Schutzfaktoren existieren müssen. Diese Merkmale wurden herausgefunden und sind u.a. günstige Temperamenteigenschaften, schulische Leistungsfähigkeit, Kommunikations- und Problemlösefähigkeit, Autonomie, Selbstvertrauen, religiöser Glaube/Lebenssinn, externe Unterstützungssysteme in z.B. Jugendgruppen oder Schule. Positive Wendepunkte wie Heirat, Geburt des ersten Kindes, Weiterbildungsangebote usw. zeigten sich entscheidend für einen positiven Entwicklungsverlauf. Auch Schutzfaktoren im Kind und seiner Umwelt wurden erfasst. Eine höhere Intelligenz und Leistungsfähigkeit in der Grundschule war z.B. mit dem Rückhalt von Lehrern, Gleichaltrigen und Familienangehörigen in der Jugend verbunden und führte zu mehr Selbstbewusstsein und Selbstwirksamkeit von 18 Jahren. Es wurde in der Studie festgestellt, dass die Schulbildung der Eltern, vor allem der Mutter und ihre Kompetenz im Umgang mit ihrem Baby und Kleinkind resilienzstärkend wirkt. Zusammenfassend lässt sich sagen, dass Konstitutionelle Dispositionen, Gesundheitszustand und Temperamenteigenschaften, den meisten Einfluss in der Säuglingszeit und Kleinkindalter haben. Die Fähigkeit zu Kommunizieren und Probleme zu erfassen und zu lösen, sowie dass vorhanden von kontinuierlichen Bezugspersonen (mindestens eine stabile Person) sind von großer Bedeutung als Schutzfaktoren in der Schulzeit. (vgl. was Kinder stärkt, S.22)

8

In der Jugendzeit sind innere Kontrollüberzeugungen und Zielbestimmtheit wichtige Resilienzfaktoren. Die sozialen Verbindungen in der Familie und Gemeinde stehen in wechselseitiger Beziehung, vor allem für die Jungen, diese wirken sich positiv auf einer erfolgreichen Lebensbewältigung aus. Leistungsfähigkeit, Selbstvertrauen, enge Freunde und ein starker Glaube oder Lebenssinn, sind vor allem für die Frauen wichtig geht aus Studien hervor. (vgl. Resilienz: 2004, S. 91)

Mit diesen für mich sehr aussagekräftigen Ergebnissen der Studie die deutlich zeigen, wo genau man in welchem Entwicklungsalter des Kindes ansetzen kann und damit das Kind unterstützen kann als Schutzfaktor, werde ich, in Bezug auf die Ergebnisse versuchen, dies in meine Praxis umzusetzen. Allerdings zeigt die Studie auch auf, dass Resilienz auf einem komplexen Zusammenspiel mehrerer Faktoren beruht und die Faktoren nicht einzeln gesehen werden können und dürfen. Den Kindern Möglichkeiten anzubieten, dass sie die wichtigen Fähigkeiten erwerben können für die Überwindung schwieriger Entwicklungskrisen ist von großer Bedeutung.

6. Stark wie Pippi Langstrumpf

Bevor ich zu meinem praktischen Teil komme möchte ich, die Schriftstellerin Astrid Lindgren unbedingt in meiner Arbeit erwähnen. Auch siehe mein Deckblattbild, wie die Bücher von Pippi Langstrumpf hat sie viele weitere, meiner Meinung nach gute Bücher geschrieben, die man zur Stärkung von Resilienz den Kindern vorlesen kann.

Die Bücher von der schwedischen Schriftstellerin wurden ursprünglich für Erwachsene geschrieben. Wirklich verstanden wurden diese aber eher von den Kindern. Weil die Kinder meist wissen und glauben, dass das Unmögliche möglich ist. Sie haben den Glauben an sich selbst, wie z.B. die Märchenhelden große Taten vollbringen. Die Aufgabe der Erzieher ist es auch, diesen Glauben in der Praxis zu bestärken. Die Kinder so zu akzeptieren wie sie sind und so ihre Stärken in den Vordergrund zu bringen. Dies ist mitunter ein wichtiges Ziel bei den Pädagogen und Eltern. Denn auch Erwachsene, erbringen die besten Leistungen, wenn sie angenommen werden, wie sie sind. Sie sind dann offener für neue Aufgaben, die sie sich vielleicht sonst nicht zugetraut hätten. Akzeptanz ist also die Voraussetzung von Resilienz. (vgl. Widerstandsfähig und selbstbewusst, 2002, S.125)

7. Resilienzstärkung im Kindergarten

Nun komme ich zu dem zweiten Teil meiner Arbeit, der Resilienzstärkung in der Einrichtung. Ein präventiver Ansatz kann in Bildungs- und Erziehungszusammenhängen auf zwei wichtigen Ebenen stattfinden:

1. *Resilienzstärkung auf der indivuduellen Ebene: direkt beim Kind (Stärkung von Basiskompetenzen/Resilienzfaktoren)*
2. *Resilienzstärkung auf der Beziehungsebene: indirekt über die Erziehungsperson (Stärkung der Erziehungskompetenzen)*

(Resilienz: 2004, S. 125)

Ich werde mich in meiner Arbeit mehr auf die Resilienzstärkung auf der individuellen Ebene beziehen und zum Schluss kurz die wichtigsten Punkte zur Stärkung von elterlichen Erzieherkompetenzen erwähnen.

7.1 Resilienzstärkung auf der individuellen Ebene anhand von Märchen und Geschichten

Da ich mich auf meinen aktuellen elementaren Bereich den Kindergarten (3-6 Jahre) in dieser Arbeit beschränke, habe ich mir erstmal die wichtigsten Merkmale aus diesem Entwicklungsbereich aus der Studie rausgesucht. Diese Faktoren sind grundlegend, um sich positiv in diesem Alter zu entwickeln. Auf diese werde ich mich näher in der praktischen Arbeit beziehen.

Gestärkt werden können:

Problemlösefertigkeiten und Könfliktlösestrategien, Eigenaktivität und persönliche Verantworungsübernahme (Schaffen von Möglichkeiten der Partizipation und des kooperativen Lernens), Selbstwirksamkeit und realistischen Kontrollüberzeugungen, positive Selbsteinschätzung des Kindes (Stärkung des Selbstwertgefühls), kindliche Selbstregulationsfähigkeiten, soziale Kompetenzen, insbesondere Emaptie- und sozialer Perspektivenübernahme. (Resilienz: 2004, S. 125)

Es gibt unterschiedlichste Möglichkeiten um Resilienz zu stärken. Folgende Programme habe ich noch im Buch gefunden: Trainingsprogramm zur Veränderung maladaptiver Attributionsmuster, Programm „I can problem solve", Stresspräventionstraining „Bleib locker", FAUSTLOS- Curriculum, Das „Penn Prevention Programme" usw. (vgl. Resilienz: 2004, S. 128). ich habe mich für Märchen und Geschichten als anfängliche Methode entscheiden, da ich denke, dass dies gut in der Umsetzung im Kindergarten gelingt und Märchen und Geschichten sich dann gut auf weitere Faktoren ausbauen und erweitern lassen. Ich werde mein Vorhaben mit einer Geschichte anfangen und dann weiter ausbauen.

Zunächst möchte ich erwähnen, warum Märchen und Geschichten gut zur Resilienzkräftigung geeignet sind.

Märchen und Geschichten veranschaulichen gut die Verhaltensweisen von resilienten und nicht resilienten Protagonisten aus verschiedenen Perspektiven. Problemlösungen lassen sich gut nachvollziehen und Kinder werden angeregt bestimmte Verhaltensmodelle nachzuahmen oder Probleme besser zu verarbeiten. Des Weiteren können Märchen von Problemen ablenken und entlasten. Märchen und Geschichten erfüllen deshalb zwei wichtige Aspekte: eine unterhaltsame und moralische. (vgl. Resilienz: 2004, S. 130)

Resilienzstärkende Geschichten und Märchen weisen typische Merkmale auf:

- Als zentrales Ziel steht die Überwindung eines Problems oder schwieriger Situation
- Die Hauptfigur selbst wird aktiv und findet für das Problem Lösungen (Eigenaktivität)
- Die Hauptfigur übernimmt selbst Verantwortung über die Situation
- Die Hauptfigur hat den Glauben an die eigenen Fähigkeiten (Selbstwirksamkeit)
- Die Hauptfigur lässt sich nicht entmutigen und bleibt optimistisch
- Die Hauptfigur hat ein positives Selbstbild und kennt seine Stärken
. Die Figur ist Hilfsbereit und fühlt sich für andere verantwortlich (vgl. Resilienz: 2004, S. 132)

Nach meiner Recherche habe ich mich für die Geschichte „Das kleine Ich bin Ich" von Mira Lobe entscheiden, da ich finde, dass es für Kinder sehr ansprechend durch die folgende Kriterien ist, die ich hier erwähnen möchte. Durch die bunten, phantasievollen Bilder wird die Fantasie und Kreativität der Kinder angeregt .Ich denke, dass die Kinder sich gut mit der Figur identifizieren können, da ja jedes Kind „anders" ist. Vor allem ist diese Geschichte nicht zu lang geschrieben (ca. 9 Minuten Vorlesezeit) was ich auch als sehr wichtig für Kindergartenkinder erachte. Es wurde in kindgerechter Sprache und im Reim verfasst. Durch die Reimform liest sich die Geschichte sehr flüssig und ist durch die Melodie des Reims sehr einprägsam für die Kinder sowie für Erwachsene. Das Hauptmerkmal ist jedoch das Thema nach der Identität, Andersartigkeit und Zugehörigkeit, welches ich für die Gruppe in meinem Bereich sehr passend finde. Diese Geschichte eignet sich sowohl für Kindergartenkinder als auch für Grundschüler. Hier lernen die Kinder unter anderem: Sprache (Tiere, Reimen usw.),die Auseinandersetzung mit sich selbst, wie man Bewältigungsstrategien sucht und findet, Akzeptanz (sich selbst und andere), positives Selbstbild, Selbstvertrauen, Autonomie (verbunden mit der Fähigkeit sich Unterstützung zu suchen), Selbstwahrnehmung, unterschiedliche Gefühle, Liebe zur Natur und Umgebung.

Ich möchte mit dieser Geschichte zunächst an die Selbstwahrnehmung anknüpfen. Denn, wer sich selbst positiv wahrnimmt und akzeptiert, kann auch andere positiv annehmen, in Interaktion gehen und Freundschaften schließen

7.2 Resilienzstärkung Anhand der Geschichte „Das kleine Ich bin Ich" von Mira Lobe

An meinem Angebot haben zunächst 7 Kinder im Alter von 5-6 Jahren teilgenommen. Mit meinem Mentor wurde vereinbart, dass ich mein Vorhaben mit den älteren Kindern durchführe und später mit jüngeren Kindern das Buch anschaue.

Zur Geschichte (Zusammenfassung): Das Kinderbuch „Ich bin Ich" handelt von einem keinen bunten, phantasievollen Wesen, das zunächst glücklich und zufrieden durch die Welt geht. Es freut sich an seiner Umgebung und an der schönen Natur. Bis plötzlich ein Frosch daherkommt und es fragt. Wer es denn sei?". Auf der Suche nach der Antwort, begegnet es verschiedenen Tieren wie Pferden, Fischen, Nilpferden, Hunden und einem Papagei, die feststellen, dass das bunte Tier anders ist als sie. Dabei erfährt es Zurückweisung, Unfreundlichkeit, Spott aber auch Hilfsbereitschaft. Am Ende der Reise, macht es traurig und verunsichert über sich selbst Gedanken ob es denn „Nur ein keiner, Irgendeiner" ist und kommt dann selbst zur Erkenntnis: „Ich bin Ich", es gibt mich nur einmal und genau so, wie ich bin, ist es gut". Voller Selbstbewusstsein wird es nun auch von den anderen Tieren akzeptiert und angenommen. So freut sich das Tier wieder über die Welt und die Natur.

Die Geschichte ist reich an resilienten Verhalten:

Die Hauptfigur ist zunächst einem Konflikt ausgesetzt: Das Wesen sucht nach eigener Identität und erlebt, dass es anders ist als die anderen Lebewesen. Es hat zwar einige Merkmale, von den anderen Tieren wie z.B. die Ohren eines Dackels aber es kann sich mit niemanden identifizieren und die anderen Tiere haben auch keine Idee was es sein könnte. Dennoch lässt sich das Wesen nicht entmutigen (Vertrauen in sich selbst) und versucht selbst nach einer passenden Lösung zu suchen (Kommunikation und Problemlösefähigkeit), zunächst holt es einmal bei den anderen Tieren Hilfe (Handlungsfähigkeit), indem es alle fragt, was es denn sein könnte. Doch leider kann keiner wirklich helfen.

Als das bunte Wesen darüber selbst genau nachdenkt (Fähigkeit zu überlegen und planen, Selbstwirksamkeit), ob es denn einer überhaupt ist, kommt es zur Selbsterkenntnis: „Ich bin Ich". Es akzeptiert sich selbst (Selbstbewusstsein), so wie es ist und wird danach auch von den anderen Tieren angenommen.

Mögliche Fragen für ein Gespräch

Nach dem Vorlesen der Geschichte, befragte ich die Kinder. Die Fragen könnten folgendermaßen lauten:

• Was hat euch an der Geschichte besonders gefallen?

• Was alles unternimmt das kleine ICH-BIN-ICH?

• Was erlebt es dabei?

12

- Was möchte es gerne sein?
- Welche Gefühle zeigt das kleine Wesen?
- Was erwartet es von den Tieren? Welche Tiere trifft es?
- Wer hat ihm geholfen?
- Welchen anderen Lösungsweg hätte es noch gegeben?
- Es spürt, dass es anders ist als die andern. Wie geht es ihm dabei (welche Gefühle)?
- Was entdeckt das kleine ICH-BIN-ICH beim Spazieren durch die Stadt?
- Was könnte das Wesen jetzt tun?
- Wie hättest du dich verhalten anstelle des Wesens?
- Habt ihr auch so was ähnliches schon mal erlebt?
- Gibt es Ähnlichkeiten zwischen dir und dem Wesen?

Nach der Fragerunde, durften die Kinder auf ein Blatt Papier sich selbst zeichnen. Dabei setzen wir uns im Theaterraum vor einen großen Spiegel. Dabei stand zunächst die Selbstwahrnehmung im Vordergrund. Auch die Kreativität, Kommunikation und Auge-Hand-Koordination wurden u.a. geschult. Nach dem Zeichnen setzten sich die Kinder wieder mit mir zusammen in den Sitzkreis und schauten gemeinsam die Selbstporträts an. Die Kinder durften erraten, welches Bild zu welchem Kind gehört (Fremdwahrnehmung), dabei mussten einige gut überlegen. Gemeinsam besprachen wir die Unterscheide und Gemeinsamkeiten. Den Kindern ist aufgefallen, dass es zwar einige Gemeinsamkeiten wie Haarfarbe, Körperteile gibt, jedoch alle Bilder unterschiedlich sind.

Als Alternative durften die Kinder überlegen welches Tier, oder welche Pflanze (z.B. Baum, Blume usw.) sie gerne wären und zeichnen dies auf ein Papier. Auch das kleine ICH-BIN-ICH durften die Kinder aufzeichnen. Allerdings haben bei der ersten Runde sich alle Kinder entscheiden, sich selbst zu zeichnen. Zum Schluss fragen mich die Kinder mich, ob ich die Geschichte später noch mal vorlesen könnte. Ich dokumentierte das Angebot für die Eltern an der Dokumentationswand.

(Dokumentation siehe Anhang)

Hier möchte ich noch weitere Bücher und Märchen erwähnen, die zur Resilienzstärkung geeignet sind: „Die Bremer Stadtmusikanten", „Hänsel und Gretel", „Swimmy" von Leo Leonni, „Ronja Räubertochter" und „Die Brüder Löwenherz" von Astrid Lindgren, „Die Prinzessin auf dem Kürbis" von Heinz Janisch. (vgl. Resilienz: 2004, S. 131)

7.3 Weitere Spiele zur Resilienzförderung

Es gibt noch einige Spiele und Programme zur Resilienz, jedoch muss allen bewusst sein, dass Resilienz ein Prozess ist und den ganzen Tag passiert.

Im Folgenden möchte ich noch drei weitere Spiele kurz beschreiben, die ich mit den Kindern schon ausprobiert habe:

Spiele zur Selbst- und Fremdwahrnehmung

„Ich sehe wen, den du auch siehst"

Ähnlich wie das bekannte Spiel „Ich sehe was, was du nicht siehst". Die Kinder sitzen im Sitzkreis. Ein Kind, welches anfangen möchte wird ausgewählt. Das Kind sagt den Spruch auf: „Ich sehe wen, den du nicht siehst und der hat heute etwas z.B. rotes an. Wer aus der Gruppe das gesuchte Kind errät, ist als nächstes dran. (vgl. Spiele zur Resilienzförderung: 2014, S.11)

„Vögelchen, piep einmal

Alle Kinder sitzen im Sitzkreis, Einem Kind werden die Augen verbunden. Die Erzieherin deutet auf ein Kind, welches in die Mitte geht und sich unter einem Tuch versteckt. Dann darf das Kind die Binde abmachen. Alle Kinder sagen den Spruch:" Vögelchen, piep einmal". Das versteckte Kind in der Mitte piept und das Kind mit den vorher verbundenen Augen darf erraten, welches Kind sich in der Mitte versteckt. (vgl. Spiele zur Resilienzförderung: 2014, S.17)

„Zi,Zi,Trone"

Ein Kind steht an einem festen Platz mit dem Rücken zu den anderen. Die anderen Kinder starten zehn Schritte hinter ihm. Das Kind vorne sagt den Spruch „Zi,Zi,Trone". Die anderen Kinder dürfen sich schnell zwei oder drei Schritte nach vorne in Richtung Spielführer bewegen. Bei den Silben „Trone" wendet sich der Spielführer um und versucht die Kinder, die sich noch bewegen, zu erwischen. Die Kinder, die der Spielführer aufruft, müssen wieder zurück zum Ausgangspunkt. Wer zuerst den Spielführer berührt, hat das Spiel gewonnen. (vgl. Spiele zur Resilienzförderung: 2014, S.20)

7.4 Stärkung der Erziehungskompetenz der Eltern

Die Erzieher verfügen nicht nur Zugang zum Kind, sondern sie haben auch Kontakt zu den Eltern des Kindes. Die Erzieher können Eltern bei der Ausübung ihrer Erziehungsaufgaben unterstützen. Dabei stehen drei Schwerpunkte im Vordergrund: 1. Förderung von Erziehungskompetenzen, Angebote für Eltern in der Einrichtung z.B. Durchführung von Elterntrainings.2. Ausbau von Kindertageseinrichtungen als „Knotenpunkt" innerhalb des kommunalen Jugendhilfesystems und 3. Förderung einer Erziehungs- und

Bildungspartnerschaft zwischen Erziehern und Eltern. Dabei werden offen Informationen ausgetauscht, die Erziehungsziele aufeinander abgestimmt und mit einander zusammengearbeitet und unterstützt bei Erziehungsschwierigkeiten. Die Erzieher stehen beratend und aufklärend den Eltern zur Seite und informieren Beispielsweise über altersgerechte Beschäftigungen wie Bücher, Bildungsangebote oder Spiele informieren. In unserer Einrichtung konnte ich beobachten, dass Erzieher bei vielen Fragen wie Sauberkeitserziehung, Regeln und Förderung der Entwicklung die Eltern beraten und unterstützen. Im Kleinteam werden auch Kollegen miteinbezogen und gemeinsam Lösungen gefunden. (vgl. Resilienz: 2004, S. 144) Einige Eltern z.B. in der Kita T. von den „Schulwichteln" die dieses Jahr in die Schule kommen, wollten Anregungen zu Spielen und Büchern haben. Dazu haben die Fachkräfte eine Informationstafel ausgearbeitet und für alle Eltern sichtbar über gute Spiele und Bücher informiert. Auch in den Elternabenden werden Fragen beantwortet und Themen, die die Eltern interessieren besprochen.

Es gibt in diesem Zusammenhang viele Modellansätze, die entwickelt worden sind, unter anderem der Ansatz der „ Early Excellence Centres". Das Konzept bietet vielfältige Angebote der Erziehung, Bildung, Beratung und Pflege für die ganze Familie. Die einzelnen Ziele des Projekts sind: Einbezug der Eltern in die Erziehungsarbeit, Stärkung der Erziehungskompetenz der Eltern, Unterstützung durch Fortbildungen und Angebote, Ausweitung von Betreuungsangeboten und- Zeiten und Abbau von sozialer Ausgrenzung. Allerdings dürfen die Rahmenbedingungen der Einrichtung hier nicht außer Acht gelassen werden, denn nur dann können Erzieher, die oben genannten Punkten gewährleisten. (vgl. Resilienz: 2004, S. 145)

8. Bezug auf das aktuelle Projekt „Spielzeugfreier Tag" in der Kita T.

In der Teamberatung wurde ein neues Projekt gemeinsam besprochen und erarbeitet. Nach einem Vorfall in der Hochebene, wurden sämtliche Bücher von den Kindern zerrissen. Das Ziel des Projekts u.a. ist, dass die Kinder einen wertschätzenden und achtsamen Umgang mit Spielzeug und Materialien lernen sollen. Danach fand ein Elternabend statt, wo die Erzieher den Eltern das Projekt vorgestellt haben, Ziele und Vorhaben geschildert wurden und gemeinsam mit den Eltern ins Gespräch kamen. Danach wurde das Projekt mit den Kindern besprochen. Die Kinder äußerten ihre Ideen und Vorstellungen, was sie an diesem Tag und mit welchen Materialien gerne spielen wollen. Im Team wurde der Freitag für das Projekt festgelegt. Ich finde, dass dieses Projekt auch viele Faktoren enthält, bei dem die Resilienz gestärkt wird. Ziele des Projekts sind u.a.: Kinder sollen ohne vorgefertigtes Spielzeug spielen, um ihre Kreativität und Fantasie zu entfalten, sich selbst und eigene Bedürfnisse besser kennenlernen (Identitäsfindung, Selbstwahrnehmung und Fremdwahrnehmung). Die Kinder sollen eigene Ideen entwickeln (Eigeninitiative, Selbstwirksamkeit, Handlungsfähigkeit) und gemeinsam mit anderen Kindern spielen und dabei Konfliktfähigkeit, Kommunikation und Beziehungsfähigkeit zu verbessern und zu lernen. Auch handwerkliches Geschick wird dabei entwickeln z.B. beim Basteln mit Naturmaterialien (Selbstbewusstsein), Achtsamkeit wird gelernt (mit sich selbst und Materialien). Die Kinder dürfen z.B. Naturmaterialien verwenden aber auch Decken, Kissen, Tücher und wenn nötig Kleber und Stifte bei den Erziehern erfragen. Erzieher unterstützen die Kinder indem sie Anregungen geben und Hilfestellung leisten, wenn die Kinder nach Hilfe verlangen (Autonomie, Beziehungsfähigkeit). Die Eltern bringen Sachen aus dem Haushalt mit- Erzieher und Eltern gehen in den Austausch (Erziehungspartnerschaft stärken). In der Einrichtung konnte ich beobachten, dass die Kinder angefangen haben Rollenspielen wie Vater, Mutter, Kind, Spiderman oder verschiedene Tiere nachzuspielen. Andere Kinder bastelten aus einem großen Pappkarton ein Zug mit Fenster und Türen und beklebten diesen mit bunten Schnipseln. Manche experimentierten mit Wasser.
Ich war erstaunt, wie konzentriert, kreativ und lange die Kinder ohne handelsübliches Spielzeug sich beschäftigen konnten und wie ruhig es in dem Gruppenraum war.

9. Persönliches Resümee

Die Ergebnisse meiner Recherche haben gezeigt, dass es Kinder gibt, die sich trotz belastenden Bedingungen in vielen Lebensbereichen entsprechend positiv entwickelten, wenn sie auf Erwachsene treffen, die an sie glauben, ihre Stärken im Vordergrund behalten und sie dabei bekräftigen diese weiter auszubauen. Daher ist es zukünftig wichtig, den Blickwinkel zu verändern, um Kinder in ihrer Entwicklung zu begleiten und an ihren Potenzialen anzusetzen. Viele Faktoren der Resilienz, können Erzieher nicht direkt beeinflussen aber pädagogische Fachkräfte können Schutzfaktoren bilden und damit Kinder stärken und bei der Bewältigung bzw. Minimierung von Risikofaktoren unterstützend wirken. Zudem bildet gerade hier die Zusammenarbeit mit den Eltern, wie bereits in der Facharbeit erwähnt, eine gute Grundlage.

Ich habe festgestellt, dass die Ressourcen, über die resilienten Kinder verfügen, keine außergewöhnlichen Eigenschaften sind, sondern normale menschliche Fähigkeiten. Mit diesem Wissen, wie ich die Kinder noch mehr stärken kann, um bei der Bewältigung ihrer Entwicklungsaufgaben zu unterstützen gehe ich in die Praxis. Denn jedes Kind besitzt Talente und Fähigkeiten, diese zu erkennen und im Alltag zu potenzieren, sowie das Kind anzuregen, ihre Kompetenzen selbst wahrzunehmen, bildet meiner Meinung nach die Grundlage der Resilienzstärkung. Wenn Erzieher den Kindern zum jetzigen Zeitpunkt Rückhalt geben können sie umso besser ins weitere Leben gehen.

Während der Erstellung dieser Facharbeit wurde mir zunehmend bewusst dass die Erzieher die Resilienz bzw. die Faktoren der Kinder zum Teil schon „unbewusst" in vielen Dingen bekräftigen.

Sich auf das Können der Kinder zu konzentrieren und dieses auszubauen, ihre Fähigkeiten und Ressourcen zu nutzen ist meiner Meinung nach das Wichtigste in der pädagogischen Arbeit.

Vor allem aber auch Vorbild sein, bei Problemen Handlungsfähig werden, sich selbst bzw. das eigene Verhalten immer wieder reflektieren, dies dann zu überprüfen und daraus lernen. Erzieher können einen großen Beitrag zur Resilienzstärkung durch die Unterstützung der Kinder leisten.

Das tiefgründige Auseinandersetzen mit diesem Thema hat mich sehr zum Nachdenken angeregt und mich im meinem pädagogischen Tun weiter bestärkt und gelehrt.

Je tiefer ich mich mit diesem Thema auseinandergesetzt habe und auf Antworten gehofft habe, desto ernüchternder ist meine Erkenntnis, dass niemand bei einem Kind Resilienz „fördern" kann. Denn Resilienz ist ein Prozess, dass immer geschieht und hängt von vielen unterschiedlichen Faktoren ab und vor allem von jedem Einzelnen, von seiner Persönlichkeit und seiner Umgebung. Dem Kind vertrauen geben in seine eigenen Stärken, Aufgaben übertragen aber auch Zeit und Raum geben und Herausforderungen sowie auch Fehler als Chance zur Weiterentwicklung sehen. Den Blickwinkel so verändern, dass die Stärken im Vordergrund stehen. Unterstützend zur Seite stehen, den Kindern „helfen es selbst zu tun". Erzieher können Resilienz aber in vielen Dingen unterstützen.

Ich habe gemerkt, dass alle drei Facharbeiten, die ich schon geschrieben habe, Merkmale enthalten, die Resilienzfaktoren und deren Unterstützung enthalten. Daher ist es zukünftig wichtig, den Blickwinkel zu verändern, um Kinder in ihrer Entwicklung zu stärken und an ihren Potenzialen anzusetzen.

Die defizitorientierte Sichtweise sollte überdacht und deutlich reduziert werden.

Die Resilienzforschung hat dazu beigetragen, dass man die Schutzfaktoren heute besser kennt. Aus dieser Arbeit geht hervor, wie vielfältig die Einflüsse von außen (z.B. Familie, Freunde, Gesellschaft) sind und wie wichtig sie für die Entwicklung eines Kindes sein können. In Bezug auf all diese Herausforderungen müssen Fachkräfte im Umgang mit Kindern sensibilisiert werden und ihren Fokus vermehrt auf die Ressourcen der Kinder richten.

10.Quellen/ Literaturverzeichnis

Titelbild: http://www.marktspiegel-verlag.de/burgdorf/lokales/hier-kommt-pippi-langstrumpf-die-lebenswelt-von-astrid-lindgren-d60187.html

Gartinger, Silvia; Janssen, Rolf (Hrsg.): Erzieherinnen und Erzieher. Professionelles Handeln im sozialpädagogischen Berufsfeld. Band 1. Berlin: Cornelsen, 1. Auflage, 2014.

Hurrelmann, Klaus; Unverzagt, Gerlinde. Kinder stark machen für das Leben. Herzenswärme, Freiräume und klare Regeln. Freiburg im Breisgau: Herder, 3. Auflage, 1998.

Kubitschek, Gebriele. Spiele zur Resilienzförderung. Die 50 besten. München: Don Bosco, 3 Auflage, 2016.

Lobe, Mira. Das kleine Ich bin Ich. Wien: Jungbrunnen, 1972.

Wustmann, Corina: Resilienz. Widerstandsfähigkeit von Kindern in Tageseinrichtungen fördern. Weinheim und Basel: Beltz, 1. Auflage, 2004.

Zimmer, Katharina: Widerstandfähig und selbstbewusst. Kinder stark machen fürs Leben. München: Kösel-Verlag. 2002.